높은 아파트에는 얼마나 많은 사람이 살까?
아파트와 단독 주택은 어떤 차이점이 있을까?
우리 동네를 한 바퀴 둘러보며
다양한 집의 모습을 확인해 보자.

나의 첫 지리책 10

어떤 집에 살까?

📍 주거 환경과 인구

최재희 글 | 김민우 그림

와, 드디어 도착!
열심히 페달을 밟았더니
땀은 나지만 상쾌해요!

대단한걸?
우리 딸 체력이 나날이 좋아지는구나.
이제 아이스크림 먹으면서 좀 쉬자.

높은 층이라 창문으로 멀리 내다볼 수 있고,
바로 앞에 친구들이랑 만날 수 있는 놀이터도 있고요.

그렇구나, 하긴 지유는 쭉
아파트에서만 살아왔으니
익숙하겠구나.
하지만 아빠는 가끔
아쉬울 때가 있단다.

아빠는 어릴 때 단독 주택에 살았어. 단독 주택이라는 말은 처음 들어 보지?

단독 주택은 하나의 집에 하나의 가정만 사는 집이야.

아빠네 집은 작지만 마당이 있었고, 창고도 있었지.

마당에는 작은 텃밭이 있어서 할아버지, 할머니는 상추와 고추 같은 다양한 먹을거리를 가꾸셨단다.

이웃집과 담 하나를 두고 서로 음식을 나눠 먹고,
밤에는 모닥불을 피워 고기를 함께 구워 먹기도 했어.
우리가 캠핑장에서 했던 것처럼 말이야.

엄청, 엄청 큰 숫자네요?

그래, 아빠도 직접 계산해 보니
정말 많은 가정이
모여 살고 있다는 생각이
드는구나.

여기서 한 번 더 나아가 볼까?
우리 집은 엄마, 아빠, 오빠와 너까지
모두 네 식구이지?
한 가정의 식구가 네 명이라고 본다면,
우리 아파트에는 모두 몇 명의 사람이 살까?
답은 1만 800명!

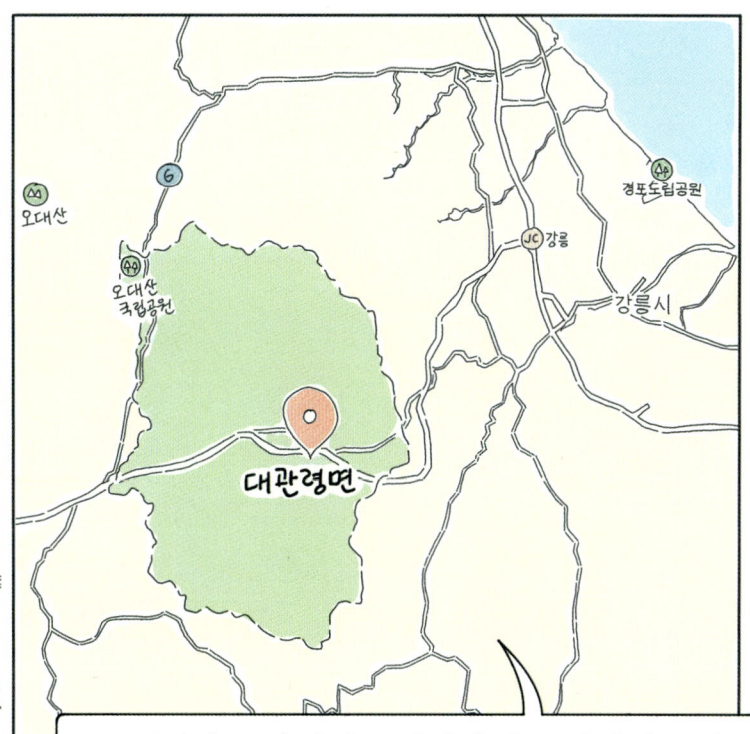

들려줄 얘기가 점점 많아지네.
그럼 지리 선생님으로 변신!

우리 아파트 단지는 정말 큰 규모란다.
그런데 우리 아파트 단지 세 개를 합쳐 놓은
아파트 단지가 있다면 믿을 수 있겠니?
서울에 있는 어떤 아파트 단지에는
무려 9500여 가정이 모여 살거든.

우아! 말도 안 돼요! 4만 명이 모여 사는 아파트 단지라니 신기해요.

하하. 그렇지? 이런 아파트의 특징 때문에 단독 주택에 살던 아빠가 아파트 생활을 여전히 힘들어하는지도 몰라. 너무 많은 사람이 모여 살거든.

아빠도 넓은 주차장이 있어 편리하고,
너와 자전거를 타거나 엄마와 산책하기도 좋은
아파트 생활이 싫은 건 아니야.
하지만 어린 시절에 살던
단독 주택이 그리울 때가 있단다.

자, 아이스크림도 다 먹었으니,
우리 집 근처에 있는 색다른 곳에 가 볼까?

방금까지 살펴본
집의 형태는 아파트였지?
여기는 단독 주택 단지란다.
한 집에 한 가정만 사는 단독 주택이니
보통 2층 정도 높이지.

지붕이 낮으니
파란 하늘이 보이고,
마당이 있어서
꽃과 나무도 키울 수 있지.

우아! 아빠, 그럼 여기서는
집에서 크게 노래 부르고
마당에서 축구, 야구도
할 수 있겠네요!

하하! 그렇단다.
아빠는 어린 시절에 방금 네가 말한 것처럼
집에서 마음껏 노래하고 운동도 했거든.
너에게 그런 추억을 만들어 주고 싶었는데,
결국 그렇게 할 수는 없었단다.

엄마와 함께 오래 고민해 봤지만,
이곳엔 네가 다닐 유치원이 없었고,
초등학교를 걸어서 가기 힘들더구나.
중학교와 고등학교도 꽤 멀어서
통학하기가 매우 힘들 것 같았지.
그래서 학교를 걸어서 다닐 수 있는
지금의 아파트 단지에 살기로 결정했어.

이제 아빠가 하신 말씀을 이해하겠어요.
그렇게 고민하신 줄 전혀 몰랐어요.

하하, 괜히 아빠가 감상에 젖었구나.
아빠는 아파트에서 태어나고 자란 너에게
아파트 말고도 다른 집이 있다는 걸
보여 주고 싶었단다.

학교를 편하게 다닐 수 있고,
생활에 필요한 편의 시설 대부분이
가까이에 있는 아파트도
분명 여러 가지 장점을 가지고 있지.

아빠, 궁금한 게 또 생겼어요.
제 친구 한 명은 우리 아파트 단지 길 건너 빌라 4층에 살아요.
빌라도 여러 집이 모여 있는데,
아파트랑 같은 건가요?

오호! 우리 딸, 관찰력이 대단하구나.
네 말대로 우리 동네에 빌라도 많이 있지.
빌라는 마당이 있는 단독 주택도 아니고,
아파트 단지와도 다른 모습을 하고 있단다.

빌라의 특징은 층수가 4층 정도라는 거야. 아파트가 5층보다 높게 지은 공동 주택이라면, 빌라는 4층까지만 지은 공동 주택이라 생각하렴.

우리가 사는 아파트 단지와 친구가 사는 빌라는 여러 가정이 함께 모여 사는 **공동 주택**이라는 공통점이 있단다.

자, 드디어 집에 거의 다 왔다.
오늘 하루 꽤 많은 곳을 돌아다녔네.
계속 자전거를 타느라 힘들었지?

네, 살짝 힘들었지만 우리 가족이 사는 곳에 관해
많이 알게 되었어요. 제가 다니는 학교가
왜 아파트 단지 근처에 있는지도 알았고요.

그렇게 생각해 주니 고맙구나.
공동 주택이든 단독 주택이든 사랑하는 가족이 있다면,
그곳이 가장 살기 좋은 곳일 거야.
우리 집처럼 말이야!

아빠, 저기 놀이터에 같은 반 친구들이 나왔어요!
친구들과 술래잡기하고 싶은데,
지난번처럼 아빠가 술래 해 주실 수 있죠?

아까는 힘들다고 하더니
친구들을 보니 힘이 샘솟나 보구나.

좋아, 아빠가 술래! 모두 잡고 말 테다!
그러고 보니 우리 아파트 놀이터가
술래잡기하기에 딱 좋은걸?

맞아요! 놀이터 최고! 우리 집 최고!

나의 첫 지리 여행

흥미로운 주택 여행

토지 주택 박물관

우리나라에서 하나뿐인 토지 주택 박물관은 경상남도 진주 혁신 도시에 있습니다.
토지 주택 박물관에 가면 우리나라 주택의 역사를 두루 살펴볼 수 있습니다.
특히 주택 도시 역사관에 가면 나날이 늘어 가는 아파트와 그것을 담는 그릇의 역할을 하는 신도시의 역사를 모두 알 수 있습니다.

토지 주택 박물관 ▼ https://museum.lh.or.kr/

한옥 마을

한옥 마을은 한옥이 옹기종기 모여 있는 마을입니다. 서울특별시에 있는 북촌 한옥 마을과 전북 전주시에 있는 전주 한옥 마을이 특히 유명하지요. 북촌 한옥 마을은 조선 시대의 양반이 살던 동네였고, 전주 한옥 마을은 오늘날까지 한옥 생활을 꾸준히 이어 온 사람들이 살아가는 오래된 동네입니다. 서울특별시에는 은평 한옥 마을도 있습니다. 은평구는 공동 주택 생활에 지친 사람들을 위해 특별한 한옥 마을을 지었습니다. 많은 사람이 아름다운 한옥 마을을 방문하고 있지요.

북촌 한옥 마을과 전주 한옥 마을

통계 놀이터

어린이를 위한 통계 놀이터 홈페이지에 방문해 보세요. 우리나라 인구가 얼마나 되는지, 한집에 사는 식구는 보통 몇 명 정도인지 등 다양한 자료를 찾아볼 수 있습니다. 검색창에 '주택'을 치면 '유형별 주택 수 비율'이라는 통계가 나와요. 다세대 주택, 단독 주택, 아파트 중 어떤 곳에 사람이 많이 사는지 쉬운 그림으로 한눈에 살펴볼 수 있습니다.

* QR코드를 찍어 보세요.

지역별 인구 변화

유형별 주택 수 비율

통계 놀이터 ▼ https://kosis.kr/edu

수도권은 어떻게 생겨났을까?

'수도권'이라는 말을 들어 봤나요?
수도권은 우리나라 수도인 서울을 중심으로 한 지역을 뜻합니다.
서울특별시, 경기도, 인천광역시를 아우르는 지역이지요.
조금 더 쉽게 말하자면, 서울에서 지하철을 타고 갈 수 있는
가장 먼 지역까지 수도권이라고 생각할 수 있습니다.
2019년은 우리나라 인구 역사에서 꽤 특별한 해입니다.
수도권에 모여 사는 인구가 그 밖의 지역에 사는 사람보다
많아진 해이기 때문이에요.

수도권 신도시 중에서 가장 먼저 개발된 분당 신도시

우리나라 전체 면적과 인구를 각각 10장의 종이와 100개의 구슬이라고 한다면,
1장의 종이 위에 51개 정도의 구슬이 빽빽하게 모여 있는 셈입니다.
수도권에 많은 사람이 모여 살게 된 이유는 경제 발전 때문입니다.
옛날 사람들은 주로 작은 마을 안에서 농사를 지으며 살았습니다.
하지만 공장을 지어 많은 물건을 만들고, 이렇게 만든 물건을
활발하게 사고팔면서 도시가 성장하기 시작했습니다.
사람들은 농사를 짓지 않고도 돈을 벌 수 있는 도시에 살고 싶어 했지요.
너도나도 시골을 떠나 도시로 모여들었고, 도시 인구는 크게 늘었습니다.
그러자 작은 땅에 많은 사람이 살 수 있는 주택인 아파트가 탄생했지요.
오늘날 수도권 신도시에 들어선 무수히 많은 아파트는
이러한 변화가 만든 것입니다.

고층 건물이 가득한 송도 신도시

글 최재희

서울 휘문고등학교 지리 교사입니다. 좋은 글을 쓰는 데 관심이 많습니다. 지은 책으로 《스포츠로 만나는 지리》, 《복잡한 세계를 읽는 지리 사고력 수업》, 《바다거북은 어디로 가야 할까?》, 《이야기 한국지리》, 《이야기 세계지리》, 《스타벅스 지리 여행》 등이 있습니다.

그림 김민우

오랫동안 애니메이션을 기획하고 연출하는 일을 하다가 지금은 어린이책을 만들고 있습니다. 쓰고 그린 책으로 《달팽이》, 《나의 붉은 날개》, 《하얀 연》, 《괴물 사냥꾼》, 《로켓아이》, 《여름, 제비》, 《우리, 섬에 가 보자!》 등이 있고, 그린 책으로 《유전의 비밀 - 엄마 아빠를 닮은 이유》, 《베토의 하루》, 《학교 옆 만능빌딩》, 《호호당 산냥이》 등이 있습니다.

나의 첫 지리책 10 — 어떤 집에 살까?

1판 1쇄 발행일 2025년 4월 28일
글 최재희 | **그림** 김민우 | **발행인** 김학원 | **편집** 이주은 | **디자인** 기하늘
저자·독자 서비스 humanist@humanistbooks.com | **용지** 화인페이퍼 | **인쇄** 삼조인쇄 | **제본** 제이엠플러스
발행처 휴먼어린이 | **출판등록** 제313-2006-000161호(2006년 7월 31일) | **주소** (03991) 서울시 마포구 동교로23길 76(연남동)
전화 02-335-4422 | **팩스** 02-334-3427 | **홈페이지** www.humanistbooks.com
사진 출처 LH 토지 주택 박물관

글 ⓒ 최재희, 2025 그림 ⓒ 김민우, 2025
ISBN 978-89-6591-631-4 74980
ISBN 978-89-6591-592-8 74980(세트)

- 이 책은 저작권법에 따라 보호받는 저작물이므로 무단 전재와 무단 복제를 금합니다.
- 이 책의 전부 또는 일부를 이용하려면 반드시 저작권자와 휴먼어린이 출판사의 동의를 받아야 합니다.
- **사용연령 6세 이상** 종이에 베이거나 긁히지 않도록 조심하세요. 책 모서리가 날카로우니 던지거나 떨어뜨리지 마세요.